AF311647

DISCOVRS, PARTICVLIER

CONTRE LES FILLES ET FEMMES MONDAINES,

descouurans leur sein, & portans des moustaches.

Par PIERRE IVVERNAY, Prestre, Parisien.

QVATRIESME EDITION,

Reueüe, corrigée & augmentée de nouueau.

A PARIS,

Chez IEREMIE BOÜILLEROT,

dans la Cour du Palais, vis à vis
de la Conciergerie.

M. DC. XXXX.

PREFACE.

LEs raisons principales pour quoy plusieurs filles & femmes (c'est toute la mesme chose de plusieurs hómes,) par leurs vanitez & folies se soucient si peu de donner à autruy occasion de pecher, sont premierement : Parce que sçachans que Dieu a mis l'homme en la main de son conseil, c'est à dire, l'a *Ecclef. 15.* creé libre pour consentir ou resister au mal, peut-estre elles se persuadent qu'en donnant à autruy occasion de pecher (sans neantmoins pour cela desirer qu'il peche,)elles meritét plu-

A ij

stost qu'elles ne pechent : A cause que par le moyen de telle occasion elles luy donnét vn sujet pour beaucoup meriter, si d'auanture il se veut seruir du talent de sa liberté pour la fin pour laquelle il luy a esté donné (pour parler auec sainct Augustin :) C'est à sçauoir, afin de resister & ne pas consentir au mal ou peché. Veu principalement que (selon Thomas à Kempis) les occasions ne nous rendent pas plus fragiles, ains seulement monstrét quels nous sommes, ou autrement, qu'elle disposition il y a en nous pour la vertu ou pour le vice.

Secondemét, parce qu'elles ignorent l'obligation qu'vn chacun a de procurer le salut de son prochain.

Tiercement, parce qu'elles estiment comme paradoxe, de dire qu'il faille pleurer & faire penitence pour

Tom. 1. lib.
2. de libe-
ro arbitr.
cap. 1. sub
finem.
De imi-
tatione
Christi,
lib. 1. cap.
16. in fine.

les pechez d'autruy, mefmes de ceux
aufquels on n'a iamais donné occafion de pecher.

Quatriefmement, par ce qu'elles
ignorent que les peines dans les Enfers, de ceux qui ont donné à autruy occafion de pecher, s'augmentent de plus en plus à proportion qu'il y a des perfonnes au monde,
qui pour le mauuais exemple receu
d'eux commettent de nouueau quelque peché.

Cinquiefmement, par ce qu'elles
ignorent encor combien font dan-
gereufes les maledictions contre elles fulminées par les perfonnes qui à
leur occafion font tombées en quelque peché mortel.

Finalement, par ce qu'elles ne
confiderent pas la grande obligation qu'elles ont d'eftre toufiours

enfermées (comme parle saincte Catherine de Sienne en son Dialogue)
dans le secret cabinet de l'humble cognoissance de Dieu & d'elles
mesmes.

Or combien ces mesmes filles &
femmes sont aueuglées, & combien
leurs raisons sont friuoles & inexcu-
sables deuant Dieu, ie leur vay faire
sçauoir par les Chapitres suiuans.

Au reste, elles ne me doiuent point
sçauoir mauuais gré, de ce que i'en-
treprens d'escrire contre elles : Veu
que si auec la lancette de ma plume,
comme sage & prudent Medecin, ie
perce l'apostume de leur superbe,
c'est pour donner la guerison à leur
ame : & d'ailleurs le Sage dit ; Les
playes faites par l'amy, sont plus sou-
haitables que les baisers du flateur.

Prou. 27.

DISCOVRS

PARTICVLIER CONTRE LES FILLES ET FEMMES

Mondaines, découurans leur sein, & portans des moustaches.

CHAPITRE PREMIER.

Du Scandale.

E scandale propremét est, quand on fait ou obmet quelque action, dont vn autre prend occasion de pecher. Or il y en a de deux sortes. L'vn se nomme, *Pharisaïque*: L'autre, *des petits.* Le scandale *Pharisaïque* est, quand

on fait ou obmet quelque action,
dont vn autre prend occasion de
pecher par vne pure & noire malice. Comme (par exemple) quand
les Pharisiens (d'où est tiré ce mot,
Pharisaïque) blasphemoient voyans
nostre Seigneur prescher & faire
des miracles : Ou bien, quand vn
Heretique blaspheme, fait des iu-
gemens temeraires, & detracte des
Catholiques qu'il voit honorer les
images des Saincts & Sainctes, &
adorer le tres-sainct Sacrement de
l'Autel : Ou bien encor, quand vn
Volleur tuë vne personne, à cause
qu'elle ne veut pas luy donner son
bien.

Le scandale *des petits* est, quand
on fait ou obmet quelque action,
dont vn autre prend occasion de
pecher par pure fragilité, & comme
à regret. Comme (par exemple) quád

les personnes de quelque famille ou
communauté se detraquent du bon
train de vie, & s'addonnent aux vi-
ces, à cause qu'ils voyent leurs Supe-
rieurs mesmes estre desbordez & vicieux, ou bien, ne pas chastier leurs
inferieurs qu'ils recognoissent estre
desbordez & vicieux.

Or il n'y a point de peché à causer le scandale *Pharisaïque*, pourueu
que par l'action qu'on fait ou obmet, on n'ait point intention de le
causer : Comme il appert en ce que
nostre Seigneur mesmes ne laissa pas
de prescher & faire ses miracles en
la presence des Pharisiens, qui pre-
noiét de là occasion de blasphemer
dauantage contre luy par vne pure
& noire malice: D'où vient qu'il dit
parlant d'eux auec mespris; Laissez- *Matt. 15.*
les là, ils sont aueugles, & guides des
aueugles. Mais à causer le scandale

des petits, tant par quelque action mesmes de soy bonne & vertueuse (non toutefois commandée,) que par l'obmissió d'icelle, ou bien par quelque action mauuaise & vicieuse, il y a tousiours peché mortel ou veniel, selon qu'est le peché que commet celuy qui prend de tel scandale occasion de pecher ; encor que celuy qui cause ce mesme scandale, n'ait nullement intention de l'exciter à pecher. Or que cela soit ainsi, il est manifeste chez les Docteurs, & ie le vay encor presentement monstrer par plusieurs passages de l'Escriture & des saincts Peres.

Et premierement nostre Seigneur dit dans l'Euangile : Gardez vous bien de scandaliser l'vn de ces petits qui croyent en moy, parce que leurs Anges voyent tousiours la face de mó Pere qui est au Ciel. C'est à dire,

D. Tho. 2.2. qu. 43. art. 7. & 8.

Matt. 18.

Gardez vous bien par voſtre mauuais exemple de donner occaſion de
pecher à ceux-là qui ſont fragiles ;
parce qu'ils ont leurs Anges gardiés,
qui ſont comme leurs tuteurs & pro-
tecteurs, & qui voyent touſiours la
face de mon Pere qui eſt au Ciel, &
par conſequent qui luy rapporterót
le tort & l'iniure que vous leur fe-
rez. D'où ſainct Hilaire tire cette
conſequence : Donc c'eſt vne choſe
bien perilleuſe de meſpriſer celuy,
dont les deſirs & prieres ſont portées
au Dieu eternel & inuiſible par le
miniſtere ambitieux & majeſtueux
des Anges. Et certes, ſainct Hieroſ-
me raconte vne hiſtoire eſpouuen-
table de cecy, preſque en ces termes:
Il eſtoit vne grande Dame nommée Pretextate : Elle auoit ſon mary
nommé Hymetius, & vne niepce
nómée Euſtochium. Comme cette

*Cant. 18
in Matt*

*Epiſt. ad
Latam
de inſt. fi
liæ.*

grande Dame pour obeir à son mary ornoit mondainement sa niepce,
luy donnant des habits dissolus, &
luy frisant les cheueux : l'Ange gar-
dien de cette fille luy apparut, disant:
Comment mal-heurcuse que tu es,
ose-tu preferer le commandement
de ton mary à celuy de Dieu? comment ose-tu de tes mains sacrileges
toucher la teste de cette saincte vierge? Sçache que pour punition de ton
peché, tes mains deuiendrõt seiches
& arides, & au bout de cinq mois tu
mourras & seras damnée : Et si auparauant ce temps tu persistes tousiours en ton peché, ton mary mour-
ra, & tes enfans aussi. Ce que sainct
Hierosme dit luy estre arriué ainsi
de poinct en poinct.

Dauantage , il est dit dans l'Escriture : Garde toy bien de mettre
quelque empeschement deuant

l'aueugle ; C'eſt à dire , de donner
quelque occaſion de pecher à celuy
qui a ſa raiſon offuſquée par quelque paſſion, & par cóſequent qui eſt
fragile. Et derechef: Mal-heur à ce- *Matt. 8.*
luy par qui ſcandale aduient. Mal-
heur au monde à cauſe des ſcandales
qui s'y donnent . Et encor : Si quel- *Ibidem.*
qu'vn ſcandaliſe l'vn de ces petits
qui croyent en moy , il eſt neceſſaire
qu'ó luy attache vne meule de mou-
lin au col , & qu'on le jette ainſi au
fond de la mer. Voyla donc ce que
meritent ceux & celles qui donnent
à autruy occaſion de pecher. Sainct
Paul dit : Si ton frere eſt contriſté *Rom. 14.*
pour te voir manger de la viande , tu
ne chemines plus ſelon charité. Cóme voulant dire , dés lors tu as perdu
la grace de Dieu, & es en eſtat de peché mortel. Et derechef: Garde toy
bien en mangeant de la viande (ou *Ibidem.*

autrement, par ton mauuais exemple) de perdre celuy pour qui Iesus-
Chrift eft mort. Où il faut remarquer deux chofes. Premierement le
peu d'eftime que font de la paffion
de noftre Seigneur, ceux qui donnét à autruy occafion de pecher: de
forte qu'il femblent la vouloir mef-
prifer, & fouler aux pieds fon pre-
cieux fang, comme s'il eftoit fouillé,
(comme parle S. Paul.) En fecond
lieu, on remarquera le peu d'eftime
que font ces mefmes perfonnes là
du falut des ames: En quoy elles fe
trompent grandement. Car fi vn Lapidaire (par exemple) tres-expert en
fon meftier, achetoit vne pierre cent
mil piftoles, ne iugerions nous pas
qu'elle feroit bien excelléte; veu que
nous fçaurions que ce Lapidaire ne
pourroit pas s'eftre trompé en l'a-
chetant ? Or fainct Paul infpiré du

Heb. 10.
& 6.
Ephef. 4.

ſainƈt Eſprit, dit que Ieſus Chriſt a racheté noſtre ame d'vn grand prix: Car il dit, Vous eſtes rachetez d'vn grád prix: Donc nous deuós grande-ment eſtimer le ſalut de noſtre ame & de celle de noſtre prochain, & par conſequuét le preferer à tous les biens du monde: veu que d'ailleurs nous ſommes aſſeurez que Ieſus Chriſt ne peut pas s'eſtre trompé en nous ra-chetant: attendu qu'en luy (comme *1. Cor. 6.* dit le meſme Sainƈt) eſt caché le tre-ſor de toute ſcience & ſapience. Et *Coloſſ. 2.* pour cette raiſon il dit ailleurs: Bleſ- *1. Cor. 8.* ſans la conſcience tendre de vos fre-res, vous pechez côtre Chriſt. Et de-rechef: Si la viáde ſcádaliſe mô frere, *Ibidem.* i'aime mieux m'abſtenir eternelle-ment d'en máger, afin de ne le point ſcandaliſer.

De plus, ceux qui ſcádaliſent leurs prochains, ſont comme les inſtru-

mens du diable, pour attirer les ames
à luy; au lieu de seruir d'instrumens à
Dieu, pour les luy attirer. Sainct Paul
nous exhorte à ce que nous soyons
touſiours vne bonne odeur de Ieſus
Chriſt à Dieu. Il veut dire par là, que
cóme les corps odoriferans recréent
par leur odeur les perſónes preſétes,
de meſme nous deuons honorer &
glorifier Dieu en edifiant nos prochains en I. Ch. par bó exemple. Au
reſte ; c'eſt vne merueille de voir cóbien le bon exemple a de pouuoir
pour attirer les ames à la pieté & deuotion. Il eſt rapporté de ſaincte Co-
lete(tres-digne reformatrice de l'Or-
dre de ſaincteClaire) & auſſi de ſaincte Marie d'Ognie,que comme pluſieurs ieunes hommes grandement
diſſolus & desbauchez, & entr'autres
vn certain Eccleſiaſtique de Cam-
bray auſſi grandement desbauché,

les

2. Cor. 2.

Apud
Surium,
tom.7. in
uitis il-
larum.

les veirét marcher auec vn maintien
si graue & modeste; aussi tost ils fon-
dirent en larmes pour la grande con-
trition de cœur qu'ils conceurent sur
le champ de leurs pechez. D'où viét
que dés lors ils se reformerent, & ves-
quirent sainctement le reste de leur
vie ; tant estoit grande & efficace la
grace du sainct Esprit, qui de la ple-
nitude du cœur de ces deux grandes
Sainctes redondoit en leur face, en
leur maintien, & en leurs actions.

Au demeurant, il y a encor beaucoup d'autres passages dans l'Escriture, qui nous commandent d'edifier
nos prochains par bon exemple Cō-
me (par exemple) où il est dit: Que *1.Cor. 14.*
toutes choses se fassent pour l'edification du prochain. Qu'vn chacun *Rom. 15.*
de vous s'estudie de plaire à son prochain en bien pour son edification.
En toutes choses monstre toy com- *Tit. 2.*

me vn exemple de bonnes œuures,
en doctrine, en integrité, en graui-
té, de sorte qu'il ne sorte de ta bou-
che que des paroles saines, & qui ne

1. Tim. 4.   soient dignes d'aucune reprehésion.
Serts de bon exemple aux fideles par
ta parole & par ta conuersation, de
sorte que ta vertu leur soit manife-

Rom. 12.   stée. Faites des bonnes œuures non
seulement deuant Dieu, mais encor

Matth. 5.   deuant tous les hommes. Que vostre
lumiere luise tellement deuant les
hommes, qu'ils voyent vos bonnes
œuures, & glorifient voftre pere qui

Philip. 2.   eft és Cieux. Soyez sãs aucun repro-
che au milieu d'vne nation meschan-

Philip. 4.   te & peruerfe. Que voftre modeftie
soit cognuë de tous. &c.

Or maintenant, de sçauoir si les
filles & femmes mõdaines, pour découurir leur sein caufent le scandale
des petits, & par confequent pechent

mortellement ou veniellement seu-
lemét ; c'est ce que i'examineray plus
bas au chapitre septiesme.

CHAPITRE II.
Du soin qu'on doit auoir du salut de ses prochains.

CEcy nous est expressémét com-
mandé en plusieurs endroits de
l'Escriture. Et premierement où il est *Eccli. 17.*
dit : Dieu a donné charge à vn cha-
cun de son prochain. Et derechef: Si
ton frere peche, corrige-le. Et encor: *Mat. 18.*
Nous deuons exposer nostre propre *1. Ioan. 3.*
vie pour le salut de nos freres. Dieu
mesmes a eu vn tel soin du salut de
nos ames, qu'il a enuoyé icy bas son
fils vnique, afin de s'incarner & en- *Ioan. 3.*
durer vne mort tres-douloureuse &
tres-ignominieuse sur l'arbre de la
croix pour iceluy. De là vient que

Moïse pour le grand zele qu'il auoit à son imitation du salut de son peu-
ple, disoit : Ou pardõnez, Seigneur, à ce peuple cette faute : ou effacez moy du liure de vie, dans lequel vous m'auez escrit. C'est à dire, priuez moy plustost du Paradis & de la gloi-re eternelle. Et Dauid voyant que Dieu affligeoit sõ peuple : C'est moy qui ay peché, c'est moy qui ay fait iniustement : ceux-là qui sont des moutons, qu'ont-ils fait? ie vous prie donc, Seigneur, tournez vostre main à l'encontre de moy. Et sainct Paul: Ie desirois estre fait anatheme pour mes freres : c'est à dire, estre priué de la grace de Dieu. Ce n'est pas qu'il desirast cela absolument, veu qu'il dit ailleurs : Nulle creature ne me pourra iamais separer de l'amour en Iesus-Christ. Mais il vouloit seule-mét signifier par cette façõ de parler,

Exod. 32.

2. Reg. vlt.

Rom. 9.

Rom. 8.

qu'il eſtoit preſt d'endurer pour le
ſalut de ſes freres, tous les tourmens
qu'endurét & peuuent endurer ceux
qui ſont priuez de la grace de Dieu,
comme ſont les damnez.

Le meſme diſoit encor : Ie ſuis *Philip. c.*
tourmenté de deux grands deſirs:
l'vn d'eſtre deſlié de ce corps, & eſtre
auec Ieſus-Chriſt ; & cecy me ſeroit
bien meilleur : par ce que ie ſerois
hors le danger de pecher & d'eſtre
reprouué. L'autre deſir dont ie ſuis
tourmenté, eſt d'eſtre touſiours auec
mes freres, afin de les exhorter à la
pieté & deuotion & celuy-cy ne me
ſeroit pas ſi bon, parce qu'eſtant auec
eux ie ſerois touſiours dans le danger de pecher & d'eſtre reprouué.
Mais pourtant, pour le grand zele
que ie porte à leur ſalut, i'aime
mieux eſtre encor auec eux, afin de
les exhorter à la pieté & deuotion, &

par ainsi estre dans le danger de pecher & d'estre reprouué:que non pas
estre deslié de ce corps, & estre auec
Iesus-Christ, & par-ainsi estre hors
le dáger de pecher & d'estre reprouué. Sur quoy sainct Chrysostome:
Quoy ? qu'est-ce là ? où est l'esprit
de sainct Paul ? il ne luy est iamais
arriué chose pareille, ny ne luy peut
arriuer : de dire,qu'il aime beaucoup
mieux estre tousiours auec ses freres,
afin de les exhorter à la pieté & deuotion , & par-ainsi estre tousiours
dans le danger de pecher & d'estre
reprouué ; que non pas estre delié de
son corps, & estre auec Iesus-Christ,
& par ainsi estre hors le danger de
pecher & d'estre reprouué. Qui seroit
le marchand qui ayant son nauire
chargé de marchandise , & estant
heureusement arriué au port , voudroit de nouueau retourner sur la

In Cons.
ibid.

mer, pour se mettre en danger de la
perdre ? Qui seroit le soldat, qui
estant prest d'estre couronné voudroit de nouueau retourner au com-
bat, & se mettre en danger de perdre sa couronne ? Ou qui seroit encor le soldat, qui estant prest d'arriuer auec triomphe en sa maison, &
de ioüir de l'abondāce de toutes choses, voudroit de nouueau retourner à
la guerre pour endurer la sueur & fa-
tigue, & exposer sa vie à mil sortes de
dangers? Et neantmoins c'est ce qu'a
fait sainct Paul, recherchāt plustost *Philip. 2.*
en quelque façon (comme il dit luy
mesme) l'interest de ses freres, que
le sien propre.

Saincte Therese à son imitation
auoit encor vn si grand zele du salut
des ames, qu'elle nous a laissé par escrit, que non seulement elle estoit
preste en tout téps d'exposer sa vie,

mais mesmes d'endurer toutes les peines du purgatoire iusques au iour du iugement dernier pour le salut d'vne seule, s'il eust esté possible par ce moyen.

Die 11.
Nouembr.

Pareillement sainct Martin Euesque de Tours, estant à l'article de la mort, & poussé du mesme zele, a dit: Seigneur, si ie suis encor vtil à vostre peuple, ie ne refuse point le trauail: que vostre volonté soit faite.

Sur. 16.
Martij,
B. Ephrem.

Il est rapporté d'vn certain hermite nommé Abraham, qu'il quita son hermitage, & son habit d'hermite, prenant celuy de gendarme, & s'en alla courir bien loin en diuerses contrées, pour trouuer sa niepce Marie, qu'il sçauoit mener depuis enuiron deux ans vne vie licentieuse & débordée, & la ramener au droit sentier de la vertu : voire mesmes aussi que l'ayant rencótrée en vne hostel-

lerie

lerie, afin de la pouuoir plus facilement induire à son sainct dessein, il
se resolut de manger de la viande a-
uec elle, encor que depuis enuiron
50. ans il s'en fust auparauāt abstenu.

Finalement, il est rapporté en la vie
de S^e Marie d'Ognie, que sa mere
mesmes lui apparut apres sa mort, lui
declarant qu'elle estoit damnée pour
2. causes. Premierement, pour auoir
pris du bien d'autruy injustemét. Secondement, pour auoir negligé du-
rāt sa vie le salut de ses domestiques.

Or maintenant, puisque nous deuons auoir vn si grand zele du salut
de nos prochains ; combien à plus
forte raison doiuent auoir soin les
filles & femmes, d'oster en elles tout
ce qui peut induire les hommes à
quelque peché, comme est particulierement la monstre de leur col, es-
paules, sein, & bras nuds ?

D

CHAPITRE III.

Qu'il faut pleurer, & faire penitence pour les pechez d'autruy.

CEcy semblera paradoxe à plusieurs ; mais pourtant ie le vay prouuer clairement par plusieurs témoignages de l'Escriture saincte. Et premierement Ieremie disoit ; Qui donera de l'eau à mon chef, & à mes yeux vne fontaine de larmes ; & ie pleureray iour & nuict les occis de la fille de mon peuple ? Dauid : Mes yeux, Seigneur, ont ietté vne riuiere d'eau, à cause que les pecheurs n'ont point gardé vostre loy. Le mesme : Ie suis tombé en defailláce, à cause des pecheurs qui ont quitté vostre loy. Et derechef ayãt sceu que son fils Absalon estoit mort en ses pechez : Absalon mon fils, mon fils Absalon,

Ierem. 9.

Psal. 118.

Ibidem.

2. Reg. 18.

qui eſt-ce qui me fera cettegrace,que
ie meures pour toy ? Ceſt à ſçauoir,
pour le deliurer de ſes pechez , & de
la mort. Où il faut remarquer,com-
me pour l'extreme angoiſſe de ſon
cœur,il repete par deux fois & à re-
bours ces paroles , Abſalon mon fils,
mon fils Abſalon. De meſme encor,
ayant ſceu que Saül eſtoit mort en
peché,il eſt dit qu'il en a eu tres grãd
dueil. Iſaïe parlant des Moabites qui
eſtoient ennemis de Dieu , & auoiét
eſté malheureuſement tuez en leurs
pechez ,dit : Sur ce mon ventre rai-
ſonnera comme vne harpe enuers
Moab. C'eſt à dire, ie tireray de mon
ventre des ſanglots & ſouſpirs tres-
grands ſur ſa mort. Ailleurs Dieu dit:
paſſe par le milieude la Cité au milieu
de Ieruſalem, & imprime la lettre T.
(qui eſt la figure de la Croix) ſur le
frõt des hõmes qui pleurent ſur tou-

2. *Reg.* 1.

Iſai. 16.

Ezech. 9.

tes les abominatiõs & méchancetez qui se commettent au milieu d'icel-le. C'est à sçauoir , ceux-là estoient marquez comme exempts d'estre tuez par le carnage prochain , & a-greables à Dieu , qui pleuroient les pechez d'autruy. Sainct Paul: I'ay vne grande tristesse & vne continuelle douleur en mon cœur , & pour ce mesmes i'ay desiré estre fait anathe-me pour mes freres. Et derechef:Plu-sieurs marchent dont i'ay desia par-lé , & parle encor à present la lar-me à l'œil , ennemis de la croix de Iesus-Christ , lesquels n'ont point d'autre Dieu que leur ventre. Et en l'Epistre aux Corinthiens : Auec beaucoup de tribulatiõ & beaucoup d'angoisse de cœur conioincte auec beaucoup de larmes ie vous ay escrit: afin que vous sçachiez combien est grande & abondante la charité que

Rous. 6.

Philip. 3.

Cor. 2.

i'ay enuers vous. Et ailleurs escriuant
aux mesmes : Qui est-ce qui est ma-
lade, que ie ne sois aussi malade ? Qui
est scandalisé , que ie ne brusle aussi
en moy mesme ? De là vient que S.
Chrysostome a dit, que personne n'a
iamais tât pleuré ses propres pechez,
que sainct Paul a pleuré ceux d'au-
truy. Pareillement lors que presque
tout le peuple d'Israël couroit aprés
les faux Dieux , il est dit que le seul
Helie estoit caché en vne cauerne,
zelé du zele pour le Seigneur Dieu
des armées , parce qu'ils auoiét rom-
pu l'accord de leur Seigneur. Dere-
chef comme le peuple d'Israël pour
ses pechez estoit detenu en captiuité
depuis soixante & dix ans entiers, il
est dit de Daniel (qui estoit iuste, veu
que pour cette raison il est appellé
dans l'Escriture, L'homme des desirs
de Dieu,) qu'il a tourné sa face vers le

Seigneur Dieu, & l'a prié inſtam-
ment couuert de cendre, d'vn ſac,
& ieuſnant, afin qu'il pardonnaſt
les pechez de ce peuple. & le retiraſt
de la captiuité où il eſtoit.

Nous liſons de ſainct Domini-
que, que toutes les nuicts ordinairement il ſe diſciplinoit iuſqu'au ſang
par trois diuerſes fois. La premiere,
pour ſes propres pechez : la ſeconde,
pour ceux d'autruy : & la troiſieſme,
pour les ames du Purgatoire.

Et de ſaincte Chriſtine, encor pour
ſatisfaire aux pechez d'autruy, qu'elle
auoit accouſtumé tantoſt de ſe jetter
dans vn four ardant, tantoſt de ſe
veautrer nuë ſur les eſpines, tantoſt
de ſe plonger encor nuë dans les neiges & glaces, & tantoſt de s'expoſer
aux bras tournoyans des moulins,
afin que par ce moyen ſon corps fuſt
déchiré & meurtri de coups.

Finalement il est rapporté de saincte Leugarde vierge, qu'elle a ieusné
& fait penitence l'espace de quator-
ze ans entiers pour les pechez de tout
le monde (selon que nostre Dame
mesmes luy auoit commádé en vne
particuliere apparition): C'est à sçauoir, en ne mangeant qu'vn peu de
pain, & ne beuuant que de la biere és
sept premiers; & és sept autres en ne
mangeant encor qu'vn peu de pain
auec quelque peu d'herbes.

Or maintenant, puis qu'vn chacun est obligé de pleurer & faire penitence pour les pechez d'autruy:
cóbien sont effrótées les filles &fem-
mes qui non seulement ne pleurent
pas, ny ne font point penitence pour
les pechez de leurs prochains : mais
plustost les induisent & excitent à
pecher, en leur monstrant (comme
i'ay dé-ja dict) leur col & sein nud,

*In vita eius a-
pud Sur.
tom. 3.
p. 661.
Item, 16.
Iunij.*

auec vne grande partie de leur dos
& bras découuerte.

CHAPITRE IIII.

*Que les filles & femmes découurans leur
sein sans necessité, sont sorties du secret
cabinet de l'humble cognoissance de
Dieu & d'elles mesmes.*

Qvand on voit par les ruës ou
dans les Eglises, ou ailleurs vne
fille ou féme monstrãt son sein nud,
on peut bien asseurément dire d'elle,
ce que saincte Catherine de Sienne
auoit accoustumé de dire des Religieux, & autres personnes Ecclesia-
stiques qui ne se peuuent tenir en
leur chambre, ains desirent tousiours aller dehors courir çà & là
sans cause. C'est à sçauoir, qu'elle
est sortie du secret cabinet de l'humble cognoissance de Dieu & de
soy-

In Dial.

foy mesme. Car comment est-ce
(ie vous prie) que cette fille ou femme, en tel équipage pourroit penser à adorer la presence de Dieu?
Comment est-ce qu'elle pourroit
s'estudier à correspondre à cette lon-
gueur, largeur, hauteur, & profon-
deur de la charité que nostre Seigneur nous a tesmoigné par sa passion ; à quoy neantmoins sainct *Ephes. 4.*
Paul nous exhorte ; quand il nous
inuite à bien comprendre auec tous
les Saincts la grandeur de cette charité? Comment est-ce qu'elle seroit
perpetuellement occupée à remer-
cier Dieu de tous ses benefices tem-
porels & spirituels , lesquels sont
infinis ? Comment est-ce encor
qu'elle pourroit estre occupée à dé-
plorer perpetuellement ses pechez
passez , & à en faire continuelle
penitence? Comment est-ce qu'elle

E

s'étudieroit perpetuellement à offrir
à Dieu son corps, son ame, & tout ce
qu'elle a, soit interieur & exterieur;
veu que toute sa pensée est ordinairement occupée à son sein, à
son visage, à sa coiffure, à ses moustaches, à ses habits, à ceux qui la
regardent, & à vne infinité d'autres niaiseries, folies, & sottises ?
De sorte que son esprit ainsi occupé
est semblable à vn oignon qui n'est
quasi composé que de pelures inu-
tiles ; ou à vne chambre pleine de
toiles d'araignées, qui ne seruent à
rien. En quoy elle est vrayement
vne apostat, vne larronnesse, &
vne sacrilegue. Car elle dérobe à
Dieu la pensée par laquelle elle doit
adorer sa saincte presence : la pensée par laquelle elle doit recher-
cher les occasions de correspondre à sa passion douloureuse par la

mortification de tous ſes ſens & ſen-
timens interieurs & exterieurs : la
penſée par laquelle elle le doit re-
mercier de tous ſes benefices : la penſée par laquelle elle doit luy deman-
der pardon de tous ſes pechez paſſez :
bref, la penſée par laquelle elle doit
luy offrir tout ce qu'elle eſt & tout
ce qu'elle a.

Au reſte , ces meſmes filles &
femmes ſont bien eſloignées d'imi- 19. *Iulij.*
ter ſaincte Macrine , laquelle com-
me il luy fuſt arriué vn mal au te-
tin, qui la menaçoit de la gangre-
ne , aima mieux s'expoſer au danger manifeſte de tel inconueniant
& de la mort meſmes en le cachant,
que non pas le monſtrer à vn Chirurgien pour en eſtre penſée : Ce
que Dieu luy teſmoigna auoir a-
greable , attendu que ſa mere lors
en faiſant à ſon inſtance le ſigne de

la Croix sur son mal, le guerit mi-
raculeusement. Or ie veux que cecy
soit plus à admirer qu'à imiter : si
est-ce que la cause pourquoy cette
Saincte faisoit difficulté de monstrer
son mal à vn Chirurgien ou Medecin, estoit parce qu'elle estoit tres-
estroittement enfermee interieure-
ment & exterieurement dans le secret cabinet de l'humble cognoissance de Dieu & de soy-mesme en la
maniere susdite.

Elles sont encore bien éloignees
d'imiter saincte Gertrude, qui voyát
que par sa beauté elle tentoit plusieurs personnes, pria Dieu qu'il luy
pleust enuoyer quelque maladie qui
la rendist laide : ce qu'il luy accorda,
luy enuoyant vn catherre qui luy fit
perdre vn œil. Cóme aussi cette au-
treSaincte, qui disoit:Perisse ce corps
qui a peu plaire aux yeux des hómes.

Car au contraire, toute leur estude n'est qu'à s'attifer & parer pour plaire aux yeux, tant des hommes que des autres de leur sexe. En quoy elles quittent (aueuglees qu'elles sont) le Createur pour la creature, le bien infiny pour le bien finy, & la verité pour le mensonge.

Finalement, ie vous laisse à penser si le diable (qui a accoustumé de pescher en eau trouble,) parmy tout ce tracas s'oublie à bien ioüer son rolle & son personnage. Il est à croire que tout ainsi que l'oiseleur, quãd il voit la terre couuerte de neiges, en sorte que les oiseaux & autres animaux ne peuuét rien trouuer à manger, lors principalement tend son rets & ses appas pour les attraper : De mesme, quand le diable voit vne personne addonnée à la vanité, en sorte qu'elle ne se peut repaistre des

choses spirituelles : c'est lors principalement qu'il tend ses pieges pour
la surprendre, & la faire tomber à la
trauerse en quelque sorte de peché
mortel. Mais particulierement quãd
il voit vne fille ou femme se plaire à
monstrer son sein nud pour donner
de l'amour, c'est lors qu'il attise & re-
nouuelle en elles les feux amortis de
la sensualité : veu principalemér que
(selon le B. Francois de Sales) il est
impossible de donner volontaire-
ment de l'amour sans en receuoir, &
de vouloir tenter autruy sans se sentir
quant & quant soy mesme tenté. En
quoy nous sommes faits semblables
à l'herbe nommée Aproxis : Car tout
ainsi que cette herbe (selon qu'en-
seigne ce mesme grand Personnage)au seul aspect du feu s'enflamme :
de mesme nos cœurs voyans le feu
de concupiscence brûler en autruy,

Introd.
art. 3.
bap. 18.

Ibidem.

aussi tost le conçoiuent en eux-
mesmes.

CHAPITRE V.

*Que la nudité du sein feminin est ex-
preßément blasmee par l'Escriture saincte.*

CEcy se manifeste en plusieurs
endroits. Premieremét, le Prophete Ieremie parlant auec mespris
de quelques femmes de mauuais re-
nom, dit : Elles ont monstré leur
mammelle nuë. Et Isaïe : Elles ont
marché monstrans leur col nud. Et
Ezechiel parlant à vne certaine autre de pareille farine : Tes mammelles auoient grossi, & tu estois nuë;
& pour ce pleine de confusion Et ailleurs parlant de l'impudique Ooli-
ba : Les enfans de Babylone sont
venus vers elle au lict des mammel-

Thren. 4.

Isai. 3.

Ezec. 16.

Ezec. 23.

les : c'est à dire d'impudicité. Où
il faut remarquer comme par les
mammelles est signifiée l'impudicité.

Pareillement Dieu mesmes parlant
de l'impudique Gomer, a dit : Qu'elle
oste ses adulteres du milieu de ses
mammelles : Dónant par là à entendre, que la monstre des mammelles
nuës, est d'ordinaire la cause & ori-
gine des adulteres. Et Salomon : Il
estoit vne femme accoustree en
Courtisane (c'est à sçauoir, principalement en tant qu'elle monstroit
son sein nud,) preparée pour surpré-
dre les ames. Où il rapporte que voulant seduire vn ieune homme, elle
luy dit : Venez, enuyrons-nous de
nos mammelles. C'est à dire, prenós
y toutes sortes d'esbats, de contente-
mens, & de passe-temps.

Au reste, tant s'en faut qué l'Escriture

ture saincte permette la nudité du
sein feminin ; qu'au contraire sainct
Paul commande expressement à la
femme, d'auoir en l'Eglise vn voile   1. *Cor.* 11.
sur la teste à cause des Anges : c'est à
dire , des Prestres. Et derechef il dit
ainsi : Ie veux que les femmes soient
en habit decent , se parans auec ver-   1. *Tim.* 2.
gongne & sobrieté, sans se friser les
cheueux , sans or , sans pierreries, &
sans aucun habillement trop somptueux , mais selon qu'il est conue-
nable aux femmes demonstrans la
pieté par leurs bonnes œuures. Pareil-
lemét sainct Pierre defend aux mes-   1. *Pett.* 3.
mes femmes d'auoir vne cheuelure
de dehors, c'est à dire, empruntée(à
sçauoir , outre la coustume des hon-
nestes & vertueuses Dames.) Et le
susdit sainct Paul dit encor : Abste-   1. *Thess.*
nez vous de tout ce qui a apparence   5.
de mal. Or maintenant, si dauantu-

F

re nous deuons mesmes nous abstenir de tout ce qui a apparéce de mal:
combien à plus forte raison se doiuent abstenir les femmes de montrer leur sein nud; veu que telle montre non seulement a apparence de
mal , mais mesmes est vn vray
mal & peché , comme ie l'ay desia
demonstré par l'Escriture saincte, &
le prouueray encor par apres plus
amplement.

Finalement, S. Cyprian parle ainsi
à la fille ou femme d'escouurant son
sein : Tu ne te peux excuser, comme
si tu estois chaste & pudique d'esprit:
Ton accoustremét meschant & impudique te dément: Car (comme dit
le Sage) l'habillement du corps, & le
ris des dents, & l'allure de l'homme
monstre quel il est : Ou il faut parler
(adiouste sanct Hierosme) comme
nous sommes vestus , ou se vestir

Lib. de habitu Virg.

Eccli. 19.

Epist. ad Furiam.

comme nous parlons : Pourquoy
voulons nous monstrer d'vn, & faire entendre d'autre ? la langue dif-
coure de la chasteté, & cependant
tout le corps ne demonstre qu'impudicité. Et saincte Agathe parlant
aussi de telles filles & femmes, dit
qu'elles font plus de tort en vne ville, que si on y mettoit le feu aux
quatre coins, ou empoisonnoit les
fontaines publiques dont tout le
monde boit. Et certes, d'où pensons
nous que sont causées toutes ces
guerres, pestes, & famines qu'on
voit souuent en France, sinon des
pechez qui y regnent, lesquels ordinairement prennent leur naiſ-
sance de cette maudite nudité du
sein feminin ?

CHAPITRE VI.

De deux certains grands maux, au danger desquels s'exposent ceux & celles qui donnent à autruy occasion de pecher, comme sont particulierement les filles & femmes mondaines, descouurans leur sein.

IL y a deux certains grands maux, au danger desquels s'exposent ceux & celles qui donnent à autruy occasion de pecher. C'est premierement, que si dauanture il arriuoit qu'ils fussent damnez, leurs peines dans les enfers augméteroient tous les iours à proportion qu'il y auroit d'autres personnes au monde, qui pour le simple ressouuenir du mauuais exemple qu'elles auroient receu d'eux, tomberoient en quelque sorte de peché mortel ou ve-

niel. Comme (par exemple) parce
que Caluin a escrit des liures contre
la Religion Catholique , maintenant qu'il est en enfer, ses tourmés
s'augmentent & croissent tous les
iours à proportion qu'il y a des personnes au monde, qui se peruertis-
sent en lisant ses venimeux escrits.
Et cecy nous est signifié dans l'Escriture, où il est dit que le mauuais　*Luc. 16.*
Riche estant en enfer demandoit à
Dieu, qu'il luy pleust enuoyer quelque grand Prophete à ses freres qui
estoient au monde, afin de les in-
struire, & par-ainsi empescher qu'ils
n'arriuassér au mesme lieu des tourmens auec luy. Car ce qui excitoit
ce mauuais riche à faire telle demande, n'estoit pas la charité qu'il
portast à ses freres, veu que les damnez n'ont aucune charité, selon qu'il
est dit : La superbe de ceux qui vous　*Psal. 73.*

haiſſent monte touſiours : c'eſt à
dire, va touſiours en croiſſant & en
augmentant. Mais ſeulement c'e-
ſtoit, parce qu'il ſçauoit bien qu'à
proportion que ſes freres peche-
roient à cauſe du mauuais exemple
qu'il leur auoit laiſſé , ſes peines &
tourmens s'augmenteroïët & croi-
ſtroient en enfer d'autant plus.

Il y a encor vne autre reuelation
de cecy dans ſaincte Brigide. Car elle rapporte qu'vne certaine femme
damnée pour auoir enſeigné à practiquer à ſa fille ce contre quoy
maintenant i'eſcris, c'eſt à ſçauoir, à
s'habiller diſſolument & mondainement : s'apparut à elle comme
ſortant d'vn lac tenebreux , ayant
le cœur arraché du ventre, les lévres
entierement coupées, le nez tout
rongé, les yeux arrachez de la teſte
& pendans ſur les iouës , la poictri-

Lib. 6.
c. 52.

ne couuerte de gros vers , & auec
des cris & lamentations espouuen-
tables se plaignant de sa fille , &
comme si elle eust parlé à elle , disant : Entens ma fille & venimeuse
lezarde! malheur sur moy de ce que
i'ay esté ta mere : Car toutes & quá-
tesfois que tu imites & ensuis les
œuures de mes meschantes coustu-
mes (c'est à dire, que tu pratiques
les vanitez & pechez que ie t'ay en-
seignez ,) autant de fois ma peine
est renouuellée , & mes feux me
bruslent auec plus d'ardeur.

La seconde chose que doiuent
craindre ceux & celles qui donnent
à autruy occasion de pecher, sont
les maledictions que fulminent
quelquefois à l'encontre d'eux les
personnes qui à leur occasion sont
tombées en quelque peché mortel.
Parce que Dieu quelquefois en

vertu de telles maledictiõs permet
que ceux & celles mesmes qui ont
donné telle occasion de pecher,
tombent de nouueau en quelque
sorte de peché mortel, & meurent
en cét estat malheureux. Car il est
dit dans l'Escriture : La priere de
celuy qui te maudira en l'amertu-
me de sõ ame, sera exaucée. Et pour
mieux confirmer & donner à entendre dauantage cecy, l'Ecclesia-
stique non seulement en suitte repete derechef les mesmes paroles,
disant : Et celuy qui l'a fait (c'est à
dire Dieu,) l'exaucera : Mais encor
ailleurs il dit aussi ouuertement :
Dieu exaucera la voix de celuy qui
donne maledictiõ. Et de faict, combien a-t'on veu d'histoires mesmes
des petits enfans qui n'ayans pas encore l'vsage de raison, & par consequent estans incapables de pecher,

pour

pour auoir esté maudits de leur pere ou de leur mere ont soudainemét
ressenti les effects de telle malediction? C'est à sçauoir, en tát que sur
le champ ils ont esté possedez du
malin esprit, ou surpris de quelque
estrange & horrible maladie, ainsi
que rapportent Surius 25. *Maÿ in
vita S. Zenobÿ, & S. August. lib. 22.
de Ciuit. Dei, cap. 8. sub finem.* Voyent
donc maintenant en quels dangers
se jettent ces filles & femmes impu-
dentes, qui par leur accoustrement
lascif cheminans par les ruës & és
places publiques, seruent de pierre
d'achoppement à plusieurs: qu'elles
craignent que le diable en vertu des
imprecations côtre elles fulminées
par les persônes qui à leur occasion
sont tombées en quelque peché
mortel, & aussi par d'autres qui ont
tel spectacle en horreur, n'entre si-

non en leur sein & en leur corps,
pour le moins en leur ame : sinon
par soy-mesme & en propre personne, pour le moins par sa semence,
qui est le peché mortel. Ce qui est
beaucoup plus à craindre, veu que
plusieurs saincts Personnages ont
autrefois demandé à Dieu à estre
plustost possedez du diable, afin de
ne point mesmes tomber en certain peché veniel, dont ils estoient
tentez : ce que Dieu accorda à quelques vns d'iceux, comme rapporte
Seuere Sulpice *in vita S. Martini.* Et
la raison est, parce que le peché
mortel nous réd ennemis de Dieu,
indignes de la beatitude celeste, &
coulpables de la damnation eternelle : ce que ne fait pas le diable en
vn possedé qui est sans peché mortel. Voire mesmes, qu'elles craignent aussi que le diable n'étre par

soy-mesme & en propre personne
en leur sein & en leur corps, ou que
la terre ne s'ouure souz elles & les
engloutisse, ou que le foudre ne les
escraze en vn instant, ou que quelque autre grand malheur exterieur
& apparant ne leur aduienne. Par
ce que (comme dit fort bien l'an- *1. 2. q. 87.*
gelique Docteur S. Thomas) il est *art. 6. ad 3.*
necessaire pour l'equité de la iusti-
que ceux qui ont esté scandalisez
par la coulpe (exterieure, notoire,
& publique) d'autruy, soiét edifiez
par la punition(exterieur, enotoire,
& publique) de celuy-là mesme. *2. Reg. 12.*
Comme il appert de Dauid, lequel
pour auoir donné occasion à ses
ennemis de blasphemer, a esté pu-
ny de Dieu exemplairement en la
mort visible de son fils qu'il aimoit
tendrement.

G ij

CHAPITRE VII.

Sçauoir, si les filles & femmes mondai-
nes, pechent mortellement pour décou-
urir leur sein ?

IVsques icy j'ay montré par diuers biais & moyens, comme c'est grandement mal-fait aux filles & femmes mondaines de découurir leur sein (ce qui deuroit suffire pour les faire reformer ; veu principalement qu'vne ame vertueuse & deuote doit plustost aymer mourir, que de commettre d'vn propos deliberé la moindre imperfectió ou peché veniel.) Maintenant il nous faut resoudre si ce leur est vn peché mortel, ou non ; veu principalement que plusieurs d'entr'elles se gabbás des pechez veniels, & n'apprehendans pas trop aussi les mortels, ne sont pas pour songer à se changer ny reformer, si on ne leur

donne clairemét à cognoiſtre comme ce leur eſt vn peché mortel. Or à
fin de proceder plus clairement en
cecy, j'vſeray de la diſtinction ſui-
uante.

Ie dis dóc en premier lieu, qu'vne
fille ou femme ne montrant ſon ſein
qu'vn peu découuert, abſolument
parlant ne peche que veniellement.
La raiſon de cecy eſt, par ce que lors
elle ne donne aux hommes qu'vne
occaſion éloignée de pecher mortellement, & non pas vne occaſion prochaine.

En ſecond lieu, je dis qu'vne fille
ou femme montrant ſon ſein beaucoup & notablement découuert deuant pluſieurs hommes, comme (par
exemple) en cheminant par les ruës,
ou dans les Egliſes, ou en quelque
autre lieu que ce ſoit, abſolument
parlant peche mortellement. La rai-

son de cecy est, par ce que lors elle
cause le scandale *des petits* : c'est à sçauoir, en tant qu'vne grande partie de
ces hommes a de coustume de pren-
dre de là occasion de tomber tost ou
tard en quelque sorte de peché mortel par pure fragilité, & comme à regret. Les Histoires sacrées & profanes, comme aussi l'experience jour-
naliere témoignent cecy. De plus
ainsi l'enseignent Syluestre au mot,
Ornatus, nombre 4. *Angelus*, aussi au
mot, *Ornatus*, nomb. 3. Fumus encore
au mot, *Ornatus*, nombre 1. Fernádes
de Moure en la 4. partie de son Exa-
men de la Theologie Morale, chap.
8. §. 3. interrogat. 3. & 5. Emmanuel
Sà, au mot, *Ornatus*, nomb. 2. Iacques
Pichonneau nomb. 231. Iean Polman
en son liure intitulé, *Le Chancre*, art.
7. & nouuellement Mc André du
Val, *tom. 2. tract. de Charit. qu. 19. art.*

5. *concl.*3. Item, *tom.*1. *tract. de peccatis,*
quæst. 4. *art.* 8. *pag.* 161. *columna* 2. *lit.*
C. & plusieurs autres. Au reste, si
quelqu'vn desire sçauoir quelques
Histoires d'aucunes femmes dānées,
& tourmétées en Enfer, particulierement au sein & és mammelles, pour
auoir autrefois pris plaisir à les montrer nuës & découuertes : cóme aussi
d'aucuns Côfesseurs dānez pour auoir
souffert en leurs penitétes vn tel abus;
qu'il lise Guillaume Pepin, *lib.* 1. *de*
confess. c. 13. Et la Chronique des Freres Mineurs, *p.* 2. *l.* 5. *c.* 38.

Si nous voulons consulter les sentences des saincts Peres, nous trouue-
rons qu'elles fourmillent sur ce sujet.
Car s'ils condamnent vne femme de
peché mortel pour estre vestuë beaucoup superbement, & pour auoir son
visage notablement fardé : combien
à plus forte raison la condamneront-

ils encor de peché mortel, pour faire
môtre & parade de son sein & mammelles beaucoup & notablemét découuertes : veu qu'il semble hors de
doute, que paroissant en cét estat elle
cause plustost le scandale *des petits,*
que non pas pour estre vétuë beaucoup superbement, & pour auoir son
visage notablement fardé ? Or que
les saincts Peres condamnent vne
femme de peché mortel pour estre
vétuë beaucoup superbement , &
pour auoir son visage notablement
fardé, il est facile de le montrer . Car
en premier lieu,

Lib. de
disciplina
& habitu
Virginum. Sainct Cyprian dit ainsi : Si tu te
coiffes trop somptueusement, en tel-
le sorte que tu attires les yeux de la
jeunesse vers toy, & sois cause de sa
perte en te presentát ainsi à elle comme vn glaiue ou poison, tu és inex-
cusable deuant Dieu , encor mesmes
que

que tu n'ayes aucune mauuaise intention.

Et derechef parlant à celle qui se
farde le visage pour paroistre plus
belle : Tu ne pourras voir Dieu, veu
que tu n'as pas les yeux selon qu'il
te les a faits, mais soüillez & gastez
par l'artifice du diable : Portant ainsi la teinture & liurée de ton ennemy, tu brûleras auec luy.

Lib. de habitu virginum.

Et ailleurs : Les femmes pour estre
par trop ornées d'or & de pierreries, perdent souuent les ornemés
de leur cœur : c'est à dire, la grace
de Dieu, auec les autres dons de
vertus surnaturelles.

Ibidem.

Sainct Basile : Pren garde à ne pas
donner (à sçauoir, par ton habillement & ornemét trop somptueux)
matiere de pecher aux autres, de
peur que par apres tu ne sois puñi
doublement : c'est à sçauoir, &

Homil. in diuites auaros.

H

pour tes propres pechez, & pour ceux d'autruy dont tu auras esté cause.

Sainct Hierosme : Si vne femme se pare en telle sorte qu'elle prouo-que les regards des hommes vers soy; encor que pas vn d'eux ne pe-che, neantmoins elle sera condam-née eternellement : parce qu'elle a appresté le venin qui eust donné la mort, s'il se fust trouué quelqu'vn qui en eust beu.

Et de rechef: C'est vn grand pe-ché apres auoir esté sanctifié par le sainct Chresme, de se souiller la face & cheueux du suc ou poudre de quelque fard que ce soit.

Sainct Bernard: Tât plus le corps par dehors est embelli & paré par vaine gloire, d'autant plus l'ame au dedans est enlaidie & souillée.

Sainct Iean Chrysostome : Il est

impoſſible que celuy qui eſt occupé à tāt cultiuer & orner ſon corps,
faſſe le ſalut de ſon ame: Par ce que
tant plus nous nous eſioüiſſons à
l'orner & embellir , dautant plus
nous nous eſloignons de l'amour
diuin.

Et derechef parlant contre le fard
& l'habillement trop ſomptueux
qui ſe pratique ordinairement le
iour des nopces : Ne m'alleguez
point la couſtume pour excuſe ; car
ſi cela eſt mauuais, il ne le faut pas
meſmes faire vne ſeule fois. Partant
il faut orner l'Eſpouſe de telle ſorte,
que s'il y a du mal à l'orner de la façon qu'on l'orne, il ne la faille pas
meſmes orner vne ſeule fois de telle façon. Quoy dōc? me direz vous,
vous blaſmez les nopces. A Dieu
ne plaiſe , ie ne ſuis pas ſi fol : ains
ſeulement ie blaſme les inſolences

In c. 15. Gen.

Homil. 12. in 1. ad Corinth.

& vilenies qui ont accoustumé de les accompagner : c'est à sçauoir, le fard du visage, & vn si grand soin d'estre braue. Car cela est cause qu'en ce iour là , l'Espouse si bien ornée est ordinairement violée & souïllee par la pensee & desir impudique & charnel de plusieurs, aurauant que d'auoir la cognoissance legitime de son Espoux dans vn lict honorable & sans tache.

Sainct Ambroise : Tant plus la femme s'estudie de se parer pour plaire aux hommes, d'autant plus elle est faite mesprisable à Dieu. A quoy il adjouste : Qui est l'homme prudent, qui n'ait en horreur la femme ornee surperbement ?

Et ailleurs parlant contre les femmes descouurant leur sein : Y a-t'il rien qui excite plus promptement le desir de paillardise, que de mon-

ſtrer à nud les parties ou membres
que la nature ou la diſcipline a de
couſtume de voiler & cacher?

Sainct Auguſtin parlant aux ma- *De bono coniug. cap. 7.*
riez : Ils doiuent craindre qu'en ſe
demandât l'vn à l'autre ce par quoy
ils pretendent receuoir plus d'honneur, ils ne ſoiét cauſe de la damnation l'vn de l'autre.

Conformément à cela ſainct Gre- *Lib. de cura paſto- rum.*
goire : Il les faut admonneſter, que
comme ils taſchent de ſe rendre re-
ciproquement l'honneur, l'amitié,
& ſeruice qu'ils s'entre-doiuét, chacun d'eux s'efforce tellement de
plaire à l'autre, qu'il ne deſplaiſe
à Dieu.

Il eſt rapporté de ſainct Nonnus *Nicep. lib. 14. cap. 30.*
Eveſque, que comme il veit en An-
tioche vne grande Dame nommee
Pelage tres-ſuperbemét veſtuë en-
trer dans l'Egliſe, il ſe prit à pleurer;

& que comme on luy demanda la
raison pourquoy il pleuroit , il res-
pondit que c'estoit pour deux causes: c'est à sçauoir , premierement
par ce qu'il iugeoit bien que cette
Dame se damnoit à cause du scandale *des petits* qu'elle causoit par son
accoustrement trop surperbe &
somptueux. Secondement , par ce
qu'il voyoit bien qu'il ne prenoit
pas tāt de peine pour plaire à Dieu,
cōme cette Dame en prenoit pour
plaire aux hommes. Et c'est à propos de cecy que Thomas Morus
Anglois , l'vn des plus sçauans &
vertueux personnages de son tēps,
disoit que plusieurs en ce monde a-
chetoient l'enfer auec tant de trauail , qu'auec la moitié d'autant ils
pourroient acheter le Paradis.

Iusques icy sont les sentences des
saincts Peres, par lesquelles il est fa-

cile de voir comme ils cõdamnent
vne femme de peché mortel pour
estre vestuë beaucoup surperbement, & pour auoir son visage notablement fardé, & par consequent
aussi & à plus forte raison, pour faire monstre & parade de son sein &
mammelles beaucoup & notablement descouuertes.

S'il est loisible d'alleguer les sen-
téces des Autheurs profanes parmy
les sacrées, pour monstrer comme le
seul aspect de la femme paree, & à
sein nud, est suffisant pour exciter la
sensualité en celuy qui la regarde ; en
voicy de quelques Poëtes anciens
Latins.

Virgile : La femme par son aspect *Georgic. 3.*
brûle ; & à mesure qu'on la regarde,
elle conçoit petit à petit des forces
dauantage pour brûler.

Carpit enim vires paulatim, vritque
   Videndo

64

Fœmina.

Eglog. 8.

Le mesme : Aussi tost que ie l'ay veuë, i'ay esté pris, & ay peri : ainsi m'a transporté mon vieil erreur.

Vt vidi, vt perij : sic me vetus abstulit error.

Epist. 12.

A quoy adiouste Ouide : C'a esté là la premiere ruine de mon ame.

Illa fuit mentis prima ruina meæ.

In commonitor.

S. Orientius : L'abbord cause la veuë, & la veuë aussi tost excite des flammes, puis ces flammes produisent ce que ie n'ose dire.

Cōgressus præstat visŭ, mox lumina visŭ
Concipiunt flāmas, parturiŭntq;nefas.

Vrayement l'on peut dire des mesmes seins nuds des femmes, qu'ils

S. Gr. 11.

sont (comme parle Iuuenal) l'agacement de Venus languissante, & comme des poignantes orties.

Irritamentum Veneris languentis , &
acres

Vrticæ.

Vrticæ.

Et certes, n'est-ce pas pour cette raison que l'Escriture saincte auec tant de soin nous dit : Destourne tes *Eccli. 9.* yeux de la femme paree, & ne regarde point tant sa beauté ; car par son moyen plusieurs ont pery, & la concupiscéce s'enflamme cóme vn feu? Et que Iob disoit : I'ay fait accord auec *Iob. 31.* mes yeux, à ce que iamais ie ne regarde ny pense à aucune fille ou féme? Et Salomon, Il estoit vne féme en habit *Prou. 7.* de paillarde, dressant par ce moyen des pieges aux ames ? Voire mesmes *Isai. 3.* n'est-il pas dit en Isaïe, qu'vne des causes pourquoy Dieu a ruiné la ville de Ierusalem, estoit par ce que les femmes & filles en icelle auoient de coustume de marcher auec des habits trop pompeux, & montrans leur gorge & sein nud ? D'où vient qu'en suitte il est adiousté, que pour

Ibidem.

cela le Seigneur en ce iour là (c'est à dire , au iour du iugement dernier) leur déchevelera la teste , & descou- urira leurs perruques , & leur ostera les ornemés de leurs souliers , & leurs petits crochets , & leurs colliers , & leurs affiquets , & leurs brasselets , & leurs coiffes , & les rubans lians leurs cheueux , & leurs tabliers , & leurs chaisnes d'or , & leurs pommes de senteurs, & les bagues péduës à leurs oreilles, & leurs anneaux , & les car- quans pendans sur leur front , & les vestemens qu'elles ont de coustume de changer, & leurs petits manteaux, & leurs linceuls , & leurs aiguilles, & leurs miroirs, & leurs chemises de lin , & leurs templieres , & leurs cou- vrechefs : & qu'au lieu de soüefve o- deur, il leur sera donné vne puan- teur ; & au lieu de ceinture , vn petit cordeau ; & pour la chevelure qu'el-

les auront porté crespelée & frisée, la
teste leur sera pelée: & pour leur cor-
set mignon, la haire leur sera dõnée.

Toutesfois il est à remarquer, que
quelquefois vne fille ou femme ne
monstrant son sein qu'vn peu descouuert, pechera mortellement: Et
vne autre au contraire montrant son
sein beaucoup descouuert, ne pechera pas mortellement. C'est à sçauoir,
si celle qui ne montre son sein qu'vn
peu descouuert, le monstre deuant
quelqu'vn qu'elle croit qu'ẽ le voyãt
il tombera en quelque sorte de peché mortel, lequel autrement & sans
cette occasion il n'auroit pas deter-
miné de cõmettre. Ce qu'elle pourra
recognoistre, parce que peut estre
luy-mesme luy aura desia dit autrefois que lors qu'il la voit de telle sorte, pour le plus souuent & ordinairement il se laisse emporter à quelque

peché mortel : Ou bien encor, parce
qu'elle l'aura apprise de quelqu'autre à qui celui-cy l'aura declaré. Et au
contraire, si celle qui monstre son
sein beaucoup descouuert, le montre
deuant quelqu'vn qu'elle croit qu'en
le voyant il ne sera pas beaucoup
émeu, & ne tombera point pour cela
en aucun peché mortel. Ce qu'elle
pourra recognoistre, ou parce que
luy-mesme peut-estre luy aura sem-
blablement declaré, ou parce qu'elle
l'aura apprise de quelqu'autre, à qui
celui-cy l'aura declaré. C'est à sçauoir,
ou parce qu'il aura esté éleué & nour-
ri tousiours auec elle en la voyant
ainsi découuerte : ou parce que de
longue main, & depuis vn grand
temps il se sera accoustumé à la voir
toûjours ainsi : ou parcequ'il sera d'vn
temperament grandement froid, ou
pour quelque autre semblable cause.

Si quelqu'vne me demande: Quoy donc? est-il possible qu'on ne puisse iamais en façon quelconque monstrer son sein nud sans pecher ? & quand est-ce qu'on commence à pecher mortellement en le monstrant?

A cela ie respons en premier lieu, que si peu qu'on le môstre il y a toûjours pour le moins peché veniel : si ce n'est que quelque circonstance extraordinaire modifie la chose: veu que les choses morales dependent principalement des circonstances, ce qui ne se peut rencôtrer neantmoins que fort rarement. Et la raison de cecy est, parce que lors en donnant à autruy & à soy mesme vne occasion éloignee de pecher mortellement, on luy donne & à soy-mesme vne occasion prochaine de pecher veniellement : c'est à sçauoir, en tant qu'on luy donne & à soy-mesme vn ſujet pour exciter quelque penſee pour le moins vaine & oiſiue.

En ſecond lieu ie reſpons, qu'on ne peut determinément aſſigner combien il eſt requis que le ſein ſoit deſcouuert pour commencer à pecher mortellement : Ne plus ne moins qu'on ne peut determinément aſſigner quelle quantité d'argent il eſt requis de deſrober pour commencer à pecher mortellemét en deſrobant. C'eſt pourquoy, tout ainſi que quelquefois ce qu'on ſe perſuadera abſolumént parlant n'eſtre que peché veniel à deſrober, deuant Dieu ſera iugé eſtre peché mortel : Et au contraire, ce qu'on ſe perſuadera abſolumét parlant eſtre peché mortel à deſrober, quelquefois deuant Dieu ſera ſeulemét iugé être peché veniel. De meſme quelquefois, quand vne fille ou femme ſe perſuadera abſolumét par-

lant n'y auoir que peché veniel à mô-
trer son sein d'vne certaine façon découuert , Dieu iugera y auoir peché
mortel. Et au contraire, quand elle se
persuadera absolumét parlát y auoir
peché mortel , quelquefois Dieu ju-
gera seulement y auoir peché veniel.

En vn mot, les filles & femmes découurans leur sein , doiuent pour ce
craindre d'estre du nombre de celles
qui ont en soy quelques pechez
mortels à elles cachez & incognus,
pour lesquels neantmoins elle seront
indubitablement damnees, si elles
meurent en cét estat, & n'en font auparauant penitence, à l'imitation de
Dauid, disant: Nettoyez-moy , Sei- Psal. 18.
gneur, de mes pechez incognus, &
pardonnez à vostre seruiteur les pechez d'autruy : c'est à dire, dont par
son mauuais exemple il pouuoit
auoir esté cause.

Dauantage, ce qui se dit icy du sein, se doit aussi entendre de quelque autre partie du corps que ce soit, comme encor des paroles & actions par lesquelles on peu donner occasion de pecher à autruy, soit homme, soit femme.

CHAPITRE VIII.

De quelques abus ou impudences particulieres de plusieurs filles & femmes mondaines.

IL y en a plusieurs ; mais je me contenteray d'alleguer ceux qui me viendrôt presentement en memoire.

Le premier est, qu'elles osent bien souuent se presenter au Sacrement de Penitence, & de la saincte Communion, ayans leur sein découuert. Certes, les Prestres qui leur donnent lors l'absolution & Communion, se mon-

montrent (s'il faut ainsi dire) grandement simples, pour ne dire, niais &
flateurs, participás à leur peché. Saint
Paul ne dit-il pas: Gardez-vous bien
d'imposer trop tost les mains sur aucun (c'est à dire, de luy administrer
quelque Sacrement,) de peur que ne
participiez à son peché? Ils devroiét
les renuoyer en leur faisant vne confusion notable , & leur refusant ce
qu'elles demandent . Mais quoy? le
desir du gain trop souuent les aueugle. Les Religieux mesmes (qui se
trompetent ordinairement plus re-
formez & plus mortifiez que les Prestres des Parroisses,) ayans égard tant
au lucre qu'à l'honneur & credit, en
cela bien souuent ne sont pas moins
coulpables. Ils ne ressemblent pas à
sainct Antonin Archeuesque de Flo-
rence, dont il est raporté qu'il chas-
soit de toutes les Eglises de son Dio-

K

1. Tim. 5

In vita
eius apud
Sur. tom. 3

cese, les filles & femmes qu'il rencon-
troit ayans le sein découuert, disant
qu'elles estoient les instrumens des
Demons pour perdre les ames.

Au reste, ces mesmes filles & femmes qui se presentent à la saincte
Communion en l'équipage susdit,
sont bien éloignées d'imiter la chaste Rebecca, qui voyant de loin son
futur espoux Isaac venir à pied, aussi-
tost descédit de dessus son chameau,
se voilant modestement pour aller
au deuant de luy. En quoy elles errét
d'autant plus lourdement, que celuy
deuant qui elles se presentent en habit indecent & vergongneux, doit
estre vn jour leur Accusateur rigou-
reux, & Iuge exacte.

Le second abus est, qu'elles portent
ordinairement vne Croix, ou l'Image du sainct Esprit penduë à leur col.
Ie leur demáderois volontiers, à quel

propos? Car en premier lieu, que re-
prefente la Croix, finon la mortification ? Et cependant montrans leur
fein nud, elles montrent quant &
quant de deux chofes l'vne : ou qu'elles renõcent tout à plat de practiquer
la mortification en aucune partie ou
puiffance de leur corps & de leur
ame (contre ce qu'a dit fainct Paul ? 2. *Cor.* 4.
Portez toufiours en vos corps & en
tout lieu la mortification de Iefus-
Chrift.) Ou bien, fi elles la veulét en
quelque façon practiquer, que pour
le moins elles veulent que leur fein
foit excepté & exempt de la practiquer, auquel elles veulent donner
toute forte de contentement, de de-
lectation, & de fatisfaction : comme
fi elles eftoient capables de foufftir
pour Dieu beaucoup plus qu'il ne
merite.

En fecond lieu, quant à l'Image

du sainct Esprit qu'elles portent
pendue à leur col; que veut-elle
signifier, sinon qu'elles tiennent
tacitement en elles mesmes ce lan-
gage : Ie sçay bien que le sainct Esprit m'inspire de cacher mon sein:
mais pourtant ie ne me soucie pas
beaucoup de ses sainctes inspirations. C'est pourquoy mal-gré luy
ie le veux monstrer nud impudem-
ment. En quoy elles feroient beaucoup mieux (ce me semble)de porter à leur col, l'image d'vn crapaut
ou d'vn corbeau: attendu que ces
animaux se plaisent parmy les or-
dures : & leur ame (qui est lors en
estat de peché mortel,) est reputée
deuant Dieu comme de la fiente
& de l'ordure, selon qu'il est dit:
Elles ont croupy en leur ordure
comme des vaches. Et derechef:
La femme impudique (telles que

Ioël. 1.

Eccli. 9.

sont toutes celles qui descouurent
leur sein, veu qu'il n'y a point du
tout de difference entre leur habillement & celuy d'vne vilaine,) sera
foulée aux pieds comme de la fiente en la voye.

Outre-plus, qui ne voit icy l'insi-
gne impudence & pure malice de
ces effrontees, cachee sous le man-
teau specieux d'vne deuotion entierement hypocrite; veu que portans cette croix ou image du sainct
Esprit au milieu de leur sein nud,
elles s'en seruent comme d'vne a-
morce ou appas pour attirer caute-
leusement les yeux des simples à le
regarder? En quoy elles imitent les
sorciers & sorcieres, qui se seruent
bien souuent des mesmes choses
sainctes & sacrées pour practiquer
leurs sorcelleries & enchantemés.

Le troisiesme abus est, que quand

il y a quelque Iubilé ou pardon de
pleniere indulgence en quelque
Eglise, on les y verra trotter pour
le penſer gaigner. Mais elles ſe
trompét lors grandement: veu que
le pardon ne ſe gaigne que pour les
pechez cómis, que l'on deteſte de
tout ſon cœur, & auſquels on n'a
plus du tout d'affection. Et cependant ces meſmes filles & femmes,
allans à cette Egliſe où eſt le ſuſdit
pardon, non ſeulement ne ſe repen-
tent pas de leur deſbraillement paſ-
ſé; ains au contraire ont la volonté
d'y continuer & perſeuerer opi-
niaſtrément.

Le quatrieſme abus eſt, qu'à la
Feſte-Dieu voyans qu'on tend les
murailles des ruës de tapiſſeries, &
jonche les pauez de fleurs & d'herbes odoriferantes, pour faire honneur au ſainct Sacrement que l'on

porte en processiõ; elles ont de coustume d'assister à cette mesme procession monstrans leur sein nud:
comme si elles ne pouuoient lors
trouuer aucun ornement poictri-
nal, qui peust faire plus d'honneur à
Iesus-Christ present, que la nudité
de leur sein. O impudence intole-
rable! ô sacrilege detestable, de se
vouloir seruir des choses mesmes
qui sont desagreables & en horreur
à Dieu, pour luy plaire & agréer!
Certes il vaudroit beaucoup mieux
qu'elles se tinssent ce iour là en leur
maison, & n'assistassent point du
tout à la procession, que d'y aller
en tel equipage. C'est bien là le
moyen d'impetrer de luy ses graces
& benedictions : elles encourent
plustost sa colere & malediction.
Est-ce le moyen (ie vous prie) d'attirer quelqu'vn chez soy, que d'y

auoir & loger son ennemy? Ne vous
y trompez pas, l'on ne se moque
point de Dieu impunément: Il est
escrit; Le S. Esprit fuira la dissimu-
lation, & ne peut faire sa demeure
en vn corps, (poictrine, ou sein) as-
sujetti au peché, ainsi qu'il l'est lors
particulieremét qu'il est nud & des-
couvert.

Le cinquiesme abus (& peut-estre
le pire de tous) est, qu'és Parroisses
bien souuent (& aussi depuis quelque temps és Eglises Monastiques,)
l'on voit des Questeuses ayás leurs
cheueux tellement historiez, &
leur sein si amplement descouuert,
qu'on les prendroit pour des vrayes
Comediennes, des Farceuses, & des
Mascarades. Est-ce ainsi que l'on
prophane le sainct Temple de
Dieu? où sommes nous? en quel
siecle sommes nous? veut-ón ame-

ner

ner le carnaual dans les Eglifes?
y veut-on planter des idoles? y
veut-on joüer des bals? de dire que
lors que le peuple tafche és Feftes
principales de l'année, d'y faire fon
petit deuoir pour fe recueillir &
reünir auec Dieu par la reception
des Sacremens de Penitence & de
l'Eucharistie: c'eft pour lors particulierement qu'on introduira vne
ou deux Baladines, qui en l'equipage fufdit rodans & penetrans par
plufieurs tours & retours tous les
coins & recoins de ces Eglifes fouz
pretexte de quefte, vont diffipans
& ravageás comme Harpies infer-
nales, par vn fcandale horrible & fa-
crilegue, le peu de bonnes œuures
& fruicts, que peuuent produire
lors ceux qui dans l'efcriture font
appellez *petits.* Certes, il vaudroit
mieux que toutes ces queftes fuf-

sent au fond de la mer, que de les
admettre auec tel & si grand abus.
Et les Curez, & Confesseurs, & autres pouuans remedier à ce mal, &
n'y remedians pas, en respondront
au iour du Iugement ame pour
ame.

Au reste, quand nostre Seigneur
chassa du Temple auec vn foüet fait
de cordelettes les Banquiers &
Changeurs, & mesmes ceux qui y
vendoient des Colombes, quoy
qu'elles fussent necessaires pour le
culte de son Pere: s'il y eust rencontré des Questeuses, ou autres femmes accoustrees de telle sorte ie vo⁹
laisse à penser, comme il vous les eût
singlé à trauers leur col & sein nud,
quelque pretexte de pieté & de charité qu'eussent peu pretendre parti-
culieremēt ces Questeuses par leur
queste : C'est bien là le moindre

mal qu'il leur euſt fait. Et ſi dans ce meſme Temple il euſt rencontré des tableaux, tapiſſeries, ou autres figures laſciues & bouffonneſques (comme l'on n'en voit que trop maintenant dans pluſieurs Egliſes, voire és lieux plus éminéts,) ie vous laiſſe encor à penſer s'il les y euſt enduré, & s'il ne les euſt point plu-ſtoſt exterminé & aboli par quel-que maniere que ce ſoit.

Le ſixieſme abus eſt, qu'il ſe voit des meres qui eſtans aſſez modeſte-ment veſtuës, permettent que leur filles monſtrent leur gorge & ſein nud. A telles meres ie n'ay qu'vn mot à dire tiré de ſainct Paul qui eſt que non ſeulement ceux qui font mal, mais encor ceux qui y con-ſentent, ſont dignes de mort: *Rom. 1.* c'eſt à dire, de la damnation eter-nelle.

A ce propos, ie parlerois volótiers
ce ceux qui permettent des come-
dies & farces , où les fémes mefmes
(pour l'ordinaire defbauchées) par
vne effronterie effrenée monftrans
leurs mammelles entieremét nuës
fur vn theatre, prononçans mil paroles impudiques, faifans mil fouf-
ris, œillades, & autres geftes, ou a-
ctions lafciues & deshonneftes,
jettent mil traits lubriques dans les
cœurs de ceux qui font fi fols que
d'affifter à tels fpectacles infames:
n'eftoit qu'il n'eft que trop clair,
que la fentence de fainct Paul que
ie viens prefentement d'alleguer,
s'addreffe à eux auffi bien qu'aux
meres fufdites.

Au refte, fi quelqu'vn defire voir
les fentences des faincts Peres ful-
minans contre tels jeux , paffe-
temps, & recreations abominables:

qu'il life le tres excellent ch. 11. du
1. Liure du Traicté de la tribulation,
fait par Ribadeneïra.

Pour le regard de quelques Dames vaines, qui ont de couftume
depuis quelque temps d'appliquer
fur leur vifages, des petits morceaux
de taffetas noir (qu'elles appellent
moufches) pour paroiftre plus belles : il me femble qu'il n'eft point
grandement neceffaire de les en
reprendre, mais pluftoft qu'il feroit
quafi plus à propos de les exhorter à
continuer cette practique, que de
les en deftourner: Attendu qu'auec
telles moufches (quoy que contre
leur opinion) elles paroiffent pluftoft laides que belles, & font pluftoft foufleuer le cœur à ceux qui
les regardent, qu'elles ne leur excitent l'appetit : veu qu'icelles appli-
quées en forme d'emplatres fur leur

visages, font ressouuenir de quelque rongne, pustule, clou, bubon,
ou autre farcin qui pourroit estre
caché dessouz. Quand donc ces Co-
quettes ou Paonnesses se glorifient
de ces mousches, c'est comme si vn
ladre ou vn escroüellé se glorifioit
des emplastres qu'il porteroit sur
son mal ou escroüelles. Tout ce
qu'il y a de plus à plaindre en cela,
c'est la perte de temps qu'elles fōt,
& l'inutilité de leurs pensées s'ap-
pliquans à des choses si basses, si
plattes, & si indignes d'vn Chre-
stien. En quoy elles se monstrent
semblables à ces petits enfans, qui
passeront quelquefois tout vn iour
à chasser aux mousches & aux pa-
pillons, & à courir apres la fleur des
chardons que le vēt souffle en l'air.

Si toutefois quelqu'vne iugeoit
qu'auec les mousches susdites elle

tentoit autant les hommes , comme auec son fard & ornemens su-
perflus ; elle seroit lors autant obli-
gée de s'en abstenir, comme de toutes ces autres choses.

Pour ce qui est des moustaches ou cheueux pendans bien bas sur les joües, que ces mesmes filles & fem- mes mondaines ont de coustume de porter encor depuis quelque temps, à la mode de ces animaux domesti- ques que l'on appelle, Barbets ou Bar. biches : Comme encores du vermil- lon, & autre fard qu'elles appliquent sur leur visage pour paroistre plus belles; ie n'ay que deux choses à dire. La premiere , que comme les susdits animaux ordinairement sont lascifs & folastres ; de mesme ces mousta- ches tesmoignent en telles filles ou femmes leur lasciueté, & la legereté de leur esprit follet. La secōde, qu'el-

Psal. 44.

les se souuiennent que (selon Dauid)
la vraye beauté est plustost interne
qu'externe, c'est à dire, plustost en
l'ame qu'au corps : & que (selon Salomon) la beauté corporelle en vne fille ou femme sotte, est comme vn an-
neau d'or au groin d'vne truye.

Ie n'aurois iamais fait, si ie voulois
m'amuser à poursuiure toutes les in-
epties, sottises, & malices des filles &
femmes mondaines. Il est téps que ie
finisse, apres auoir auparauant encor
remarqué ce petit mot, qui est que le
comble de leur impudence se manifeste palpablement en hyuer, lors
qu'il gele (comme l'on dit) à pierre
fendre : Car alors (chose prodigieu-
se!) on les verra bien souuent par les
ruës autant desbraillées, comme és
plus grandes chaleurs d'esté : d'où
vient que quelquefois elles en con-
tractent de tres-griefues maladies, &
mesme

mesmes la mort. En quoy elles commettent lors double peché mortel.
L'vn, en tant qu'elles donnent à autruy occasion manifeste de pecher
mortellement : L'autre, en tant que
par leur propre faute cette maladie
ou mort leur aduient.

Corollaire , contre les filles & femmes
mondaines, qui ne se voudront refor-
mer ayans leu tout ce qui a esté dit cy-
dessus.

TElle sorte de filles & femes sont
semblables à ceux qui dás l'Escriture disent à Dieu: Retirez-vous *Iob. 11.*
de nous, nous ne voulons point la
science de vos voyes. Mais on leur
peut respondre ce qu'encor il y est
dit : Tu as le front d'vne impuden- *Ierem. 3.*
dente, tu ne sçais que c'est de rou-
gir. Et derechef: Ie sçauois bien que
tu estois dure, & que ton col estoit *Isai. 48.*

M

comme vn nerf de fer, & ton front
d'airain. Item : Tu es de dure cer-
velle , & d'vn cœur incorrigible, &
vne maison rebelle : c'est à dire, qui
ne fait qu'aigrir & colerer Dieu.
Ou bien encor: C'est grand cas que
vous resistez tousiours au S. Esprit:
c'est à dire , à ses sainctes inspirations. Le Prophete Ieremie les des-
crit en cette sorte , disant : Elles ont
endurci leurs faces plus que la pierre , & n'ont pas voulu retourner. Le
Prophete Zacharie adiouste : Elles n'ont pas voulu entendre, &
ont tourné le dos se retirans , &
ont estouppé leurs oreilles de peur
d'escouter , & ont rendu leur cœur
comme vn diamant, de peur d'oüir
la loy & les paroles que le Dieu des
batailles a envoyé par son esprit.

    Or ce n'est pas vn petit peché de
resister aux inspirations de Dieu.
Voyons vn peu ce qu'en dit l'Escri-

ture saincte. Et premierement Dauid nous admoneste de n'y pas resister, parlant en cette sorte : Si vous
auez auiourd'huy entendu sa voix
(c'est à dire , receu l'inspiration de
Dieu ,) gardez-vous bien d'endur-
cir vos cœurs. Et aussi S. Paul, disant :
Gardez-vous bien d'esteindre en
vous l'esprit de Dieu : c'est à dire , sa
saincte inspiration. Et derechef :
Nous vous exhortons à ce que vous
ne receuiez point la grace de Dieu
(c'est à dire , sa saincte inspiration)
en vain. Ailleurs, ceux qui resistent
aux inspirations de Dieu , sont dits
par le mesme Sainct faire iniure à
l'esprit de la grace , contrister le
sainct Esprit, crucifier derechef le
Fils de Dieu mespriser son sang
comme s'il estoit souillé. Et pour ce
aussi Dieu a de coustume de retirer
ses graces de telles personnes en
punition de leur ingratitude. Car il

Psal. 94.

2. Thess. 5.

2. Cor. 6.

Heb. i
Ephes. 4.

Hebr. 6.

est dit dans l'Euangile: A celuy qui
a, il luy sera donné, & il abondera:
mais à celuy qui n'a point, il luy sera osté mesmes ce qu'il a. C'est
à dire, qu'à celuy qui fera fructifier les graces qu'il a, Dieu en don-
nera dauantage, en sorte qu'il a-
bondera : mais de celuy qui ne
les fera pas fructifier, il les ostera. Et de faict, les deux Apo-
stres Paul & Barnabé ne dirent-
ils pas aux Iuifs:Parce que vous re-
poussez la parole de Dieu, & vous
iugez indignes de la vie eternelle
(c'est à dire, & ne voulez non plus
operer pour la vie eternelle, que si
vous vous en iugiez indignes & incapables,) voila que nous nous en
allons &retournõs vers les Gentils?
De là vient que S. Bernard a dit :
L'ingratitude (laquelle se retrouue
tousiours en ceux qui resistent aux
inspirations de Dieu) est vn vent

bruſlant qui tarit la fontaine de pieté, la roſée de miſericorde, & les
ruiſſeaux de la grace.

Or non ſeulement Dieu retire ſes
graces des perſonnes qui reſiſtent à
ſes ſainctes inſpirations (ce qui n'eſt
pas vn petit mal, veu que c'eſt vne
doctrine commune en Theologie, *D. Tho.*
qu'il vaudroit beaucoup mieux fai-*1. 2. qu.*
re perte de tous les biens du monde,*113. art. 9.*
que non pas de la moindre grace de*ad 2.*
Dieu:) mais encor il les menace de
pluſieurs autres maux & ſupplices.
Car premierement il eſt dit en l'Eſ-
criture: Il a ouy le ſon de la trópette
(c'eſt à dire, receu l'inſpiration de
Dieu,) & ne s'eſt pas gardé (c'eſt à *Ezec. 33.*
dire, ne l'a pas obſeruée ny practi-
quée,) ſon ſãg ſera ſur luy: c'eſt à dire, il ſera cauſe luy-meſme de ſon
mal-heur. S. Paul dit: La colere de *Rom. 1.*
Dieu eſt reuelée du Ciel ſur toute
impieté & injuſtice des hómes qui

retiennent la verité en injustice :
c'est à dire, qui cognoissans le bien
ne le font pas. Et derechef : La terre
qui boit souuent la pluye qui tôbe
sur elle, & ne produit que des espi-
nes & chardôs (c'est à dire, l'ame qui
reçoit souuét les inspiratiós de Dieu,
& fait tousiours des méchantes œuures,) est reprouuée , & tres-pro-
chaine de malediction, dont la fin
tend à estre bruslée.   L'Ecclesiasti-
que : Le cœur obstiné sera bien mal
traicté de Dieu sur la fin de ses iours.
Conformément à cecy Dieu dit ailleurs : Ie vous ay appellé, & vous auez
refusé de venir : I'ay estédu ma main,
& vous n'auez daigné la regarder :
vous auez mesprisé tout mon conseil, & negligé mes reprehensions : &
moy ie me riray aussi en vostre perte,
& me gausseray, quand il vous sera
arriué ce que vous craigniez.

Pour toutes ces considerations

donc, à celuy qui resiste aux inspirations de Dieu l'on peut dire: Selon ta
dureté & ton cœur impenitent, tu te
thesaurises la colere de Dieu pour le
iour de sa colere. *Rom. 2.*

Et si dauanture les filles & femmes
mondaines, veulent maintenir n'y
auoir aucun peché à descouurir leur
sein, & porter des moustaches, cõme elles font, il leur faut dire cõme
S. Pierre dit à Ananie, c'est à sçauoir,
qu'elles ont menty au sainct Esprit,
& non pas seulement aux hommes.

FIN.

TABLE
DES CHAPITRES.

Fin de la Table.

Fautes ſuruenuës en l'Impreſſion.

Pag. 34. lig. 3. au lieu de, *&*, liſez, *soit*.
Pag. 51. lig. 14. au lieu de, *enotoire*, liſez, *notoire*.
Pag. 57. lig. 15. au lieu de, *de*, liſez, *&*.

Le Lecteur pourra facilement suppléer les
autres plus legeres.